Kleine
ACHTSAMKEITS MOMENTE

Was mich innehalten lässt

Pattloch

*D*ie Bescheidenheit ist eine Eigenschaft,
die vom Bewusstsein der eigenen Macht herrührt.

PAUL CÉZANNE

Das meiste haben wir gewöhnlich in der Zeit getan,
in der wir meinten, zu wenig zu tun.

MARIE VON EBNER-ESCHENBACH

*E*s ist nicht wichtig, was du betrachtest,
sondern was du siehst.

HENRY DAVID THOREAU

Habe *Geduld* mit allen Dingen,
aber besonders mit dir selbst. Verliere nicht den Mut,
wenn du deine eigenen Fehler betrachtest,
aber beginne sofort, sie zu beheben;
jeden Tag beginnt die Aufgabe aufs Neue.

FRANZ VON SALES

Man sollte
von Zeit zu Zeit
von sich zurücktreten
wie ein Maler
von seinem Bilde.

CHRISTIAN MORGENSTERN

Uns gehört nur die Stunde.

Und eine Stunde, wenn sie glücklich ist, ist viel.

Nicht das Maß der Zeit entscheidet,

wohl aber das Maß des Glücks.

THEODOR FONTANE

Du kannst dich, sooft du nur willst,
in dich selbst zurückziehen.
Gibt es doch nirgends eine stillere
und ungestörtere Zufluchtsstätte
als die Menschenseele.

MARC AUREL

*L*iebe ist nicht das, was man erwartet zu bekommen,
sondern das, was man bereit ist zu geben.

KATHARINE HEPBURN

Es gibt überall Blumen für den,
der sie sehen will.

HENRI MATISSE

Glück bedeutet Gelassenheit.
Wer glücklich sein will,
muss Zeit für die Ewigkeit haben.

TRUMAN CAPOTE

Genaugenommen leben sehr wenige Menschen in der Gegenwart, die meisten bereiten sich gerade vor, demnächst zu leben.

JONATHAN SWIFT

Das Glück ist nicht in einem
ewig lachenden *Himmel* zu suchen,
sondern eben in ganz feinen Kleinigkeiten,
aus denen wir unser Leben selbst zurechtzimmern.

ELISABETH ZU WIED

*M*editation bringt uns in Berührung mit dem, was die Welt im Innersten zusammenhält.

JOHANN WOLFGANG VON GOETHE

Der hat am besten für die Zukunft gesorgt,
der für die Gegenwart sorgt.

FRANZ KAFKA

*J*edes Mal, wenn du
dich aufrichtig freust,
schöpfst du Nahrung
für den Geist.

RALPH WALDO EMERSON

*D*as, was du bist, zeigt sich
an dem, was du tust.

THOMAS A. EDISON

Das Leben gleicht einem Buch,
Toren durchblättern es flüchtig,
der Weise liest es mit Bedacht,
weil er weiß, dass er es
nur einmal lesen kann.

JEAN PAUL

Sein, was wir sind, und werden,
was wir werden können,
das ist das Ziel unseres Lebens.

BARUCH DE SPINOZA

*L*ebenskünstler sind Menschen,
die vollkommen glücklich sind,
wenn sie nicht
vollkommen unglücklich sind.

DANNY KAYE

Gib jedem Tag die Chance,

der schönste deines Lebens zu werden.

MARK TWAIN

Denn der Raum des Geistes,
dort wo er seine Flügel öffnen kann,
das ist die Stille.

ANTOINE DE SAINT-EXUPÉRY

*E*s ist ein ungeheures Glück,

wenn man fähig ist, sich freuen zu können.

GEORG BERNHARD SHAW

Das *Glück* ist wie ein Schmetterling:

Wenn wir es jagen, vermögen wir es nicht

zu fangen, aber wenn wir ganz ruhig innehalten,

dann lässt es sich auf uns nieder.

NATHANIEL HAWTHORNE

Es ist eine Verwandtschaft zwischen
den glücklichen Gedanken und
den Gaben des Augenblicks:
Beide fallen vom Himmel.

FRIEDRICH SCHILLER

Ich liebe Dich

Das „Für immer" besteht
aus vielen „Jetzt".

EMILY DICKINSON

*E*s gehört oft mehr Mut dazu,

seine Meinung zu ändern, als ihr treu zu bleiben.

CHRISTIAN FRIEDRICH HEBBEL

*L*asse dein Herz

dich führen.

Es flüstert, also höre

ganz genau zu.

WALT DISNEY

*W*enn uns eine Sache fehlt,
sollte uns das nicht davon abhalten,
alles andere in vollen Zügen
zu genießen.

JANE AUSTEN

*L*asst uns dankbar sein
gegenüber Menschen,
die uns glücklich machen.
Sie sind liebenswerte Gärtner,
die unsere Seele
zum Blühen bringen.

MARCEL PROUST

Man sollte sich Entspannung gönnen.
Leistungsfähiger und lebhafter werden wir
uns nach einer Ruhepause erheben.

LUCIUS ANNAEUS SENECA

Es gibt kaum ein beglückenderes Gefühl als zu spüren,

dass man für andere Menschen etwas sein kann.

DIETRICH BONHOEFFER

*W*illst du in Frieden mit dir selbst leben,
dann versuche nicht, mehr zu sein als du bist,
aber sei das, was du bist, ganz.

RICHARD WAGNER

Ich muss den Saiten meines Gemütes
jeden Tag einige *Ruhe* gönnen, um sie gleichsam
von neuem aufzuziehen, damit sie den rechten Ton
und Ausklang behalten. Am besten gelingt mir dies
in der Einsamkeit, aber nicht im Zimmer, sondern
in den stillen Stunden der freien Natur.

LUISE VON MECKLENBURG-STRELITZ

Kein Mensch kann sich
ohne sein Einverständnis wohlfühlen.

MARK TWAIN

*N*ichts auf der Welt ist so mächtig wie eine Idee, deren Zeit gekommen ist.

VICTOR HUGO

*F*antasie ist wichtiger als Wissen,

denn Wissen ist begrenzt.

ALBERT EINSTEIN

Unser *Glück* und Seelenfrieden beruhen darauf,
dass wir tun, was wir für richtig und angemessen halten,
und nicht, was andere sagen oder tun.

MAHATMA GANDHI

*D*ie Sonne scheint für dich – deinetwegen;
und wenn sie müde wird, beginnt der Mond
und dann werden die Sterne angezündet.

SØREN KIERKEGAARD

Es liegt eine wunderbare *Heilkraft* in der Natur.
Oft gibt der Anblick eines schönen Abendhimmels,
der Duft einer Blume der bedrückten Seele
Hoffnung und Lebensmut zurück.

SOPHIE ALBERTI

*D*ie größte Kraft auf der Welt ist das Pianissimo.

MAURICE RAVEL

Der Himmel auf Erden wird durch die rechte Einstellung zu den Kleinigkeiten des Alltags geschaffen.

PRENTICE MULFORD

Der Kern des Glücks:

der sein zu wollen, der du bist.

ERASMUS VON ROTTERDAM

Die Gegenwart allein ist das,
was immer da ist und unverrückbar feststeht.

ARTHUR SCHOPENHAUER

Das Große ist nicht,
dies oder das zu sein,
sondern man selbst zu sein.

SØREN KIERKEGAARD

Wer sich heute freuen kann,
soll nicht warten bis morgen.

JOHANN HEINRICH PESTALOZZI

Nichts bringt uns auf unserem Weg besser voran als eine Pause.

ELIZABETH BARRETT-BROWNING

*E*s muss eine Stunde
am Tag geben,
wo der planende Mensch
all seine Pläne vergisst
und handelt, als hätte er
überhaupt keine.

THOMAS MERTON

Schenke dir selbst jeden Tag
die schönsten Momente und bade
Körper, Seele und Geist
in innerer Harmonie.

SARAH BERNHARDT

Niemals bin ich weniger müßig
als in meinen Mußestunden
und niemals weniger einsam,
als wenn ich allein bin.

MARCUS TULLIUS CICERO

Das Glück ist keine einfache Sache.

Schwierig: es in uns zu finden.

Unmöglich: es anderswo zu finden.

NICOLAS CHAMFORT

*E*s gibt nur ein Mittel, sich wohlzufühlen:
Man muss lernen, mit dem Gegebenen zufrieden zu sein,
und nicht immer das verlangen, was gerade fehlt.

THEODOR FONTANE

*W*ir vermeinen, Schönheit und Wunder wahrzunehmen, während Schönheit und Wunder in Wirklichkeit in uns selbst sind.

KHALIL GIBRAN

*G*ehe so weit, wie du sehen kannst.
Wenn du dort angekommen bist,
wirst du sehen, wie es weitergeht.

THOMAS CARLYLE

Etwas betrachten heißt noch lange nicht,
es auch zu sehen. Erst wenn man dessen
Schönheit sieht, gewinnt es Wirklichkeit.

OSCAR WILDE

Langsam, Schritt für Schritt, die Treppe weiter hinauf.
Wahrlich, die Welt bietet nicht solch ein Übermaß von Genüssen,
dass man sie in Sprüngen überfliegen dürfte.

WILHELM RAABE

Wer durch Wälder wandert, erlebt die Persönlichkeiten
der Bäume. Dort stehen sie schweigend und würdevoll,
doch niemals unfreundlich. Und oft ist uns dann,
als würden sie mit voller, dunkler Stimme zu uns reden.

JOHN F. CARLSON

Finde dich, sei dir selber treu, lerne dich verstehen.
Nur so kannst du das Höchste erreichen.

BETTINA VON ARNIM

Die größte Entscheidung deines Lebens liegt darin, dass du dein Leben ändern kannst, indem du deine Geisteshaltung änderst.

ALBERT SCHWEIZER

Die kürzesten Wörter,
nämlich „ja" und „nein",
erfordern das meiste Nachdenken.

PYTHAGORAS VON SAMOS

Das Träumen ist der Sonntag des Denkens.

HENRI FRÉDÉRIC AMIEL

*N*ur die Ruhe ist die Quelle jeder großen Kraft.

MARC AUREL

Die größte Arbeit wird klein,
wenn man sie in Stücke zerteilt
und immer nur das Nächstliegende
ins Auge fasst.

CARL HILTY

Mit sich selbst in Frieden leben
ist wohl das höchste Glück auf Erden.

MATTHIAS CLAUDIUS

*W*as vor uns liegt und was hinter uns liegt,
sind Kleinigkeiten zu dem, was in uns liegt.
Und wenn wir das, was in uns liegt, nach außen
in die Welt tragen, geschehen Wunder.

HENRY DAVID THOREAU

*W*er am Tag träumt, wird sich vieler Dinge bewusst,
die dem entgehen, der nur nachts träumt.

EDGAR ALLAN POE

Wie du über dich selbst denkst,
ist viel wichtiger als das,
was andere über dich denken.

LUCIUS ANNAEUS SENECA

Es gibt Augenblicke in unserem Leben,
in denen Zeit und Raum tiefer werden
und das Gefühl des Daseins
sich unendlich ausdehnt.

CHARLES BAUDELAIRE

Monde und Jahre vergehen,
aber ein schöner Moment
leuchtet das Leben hindurch.

FRANZ GRILLPARZER

Alle Lebewesen außer den Menschen
wissen, dass der *Hauptzweck*
des Lebens darin besteht, es zu genießen.

SAMUEL BUTLER

Nur für heute werde ich keine Angst haben.
Ganz besonders werde ich keine Angst haben,
mich an allem zu freuen, was schön ist,
und an die Güte zu glauben.

PAPST JOHANNES XXIII.

Der ideale Tag
wird nie kommen.
Er ist heute, wenn wir
ihn dazu machen.

HORAZ

Wünsche nicht,

etwas anderes zu sein,

als was du bist,

aber versuche,

dies so gut

wie möglich zu sein.

FRANZ VON SALES

Die größten Ereignisse – das sind nicht
unsre lautesten, sondern unsre stillsten Stunden.

FRIEDRICH NIETZSCHE

Du bist da,
um dein einziges,
einmaliges Leben
mit Glück zu füllen.

EPIKUR VON SAMOS

*W*er viel von dieser Welt gesehen hat,

der lächelt, legt die Hände auf den Bauch

und schweigt.

KURT TUCHOLSKY

Für den wahren Lebenskünstler ist die schönste
Zeit immer diejenige, die er gerade verbringt.

ORSON WELLES

*V*erlange nicht, dass das, was geschieht,
so geschieht, wie du es dir wünschst,
sondern dass es so geschieht,
wie es geschieht, und dein Leben
wird heiter dahinströmen.

EPIKTET

Die Bescheidenheit glücklicher Menschen kommt von der Ruhe, welche das Glück ihren Gemütern verleiht.

FRANÇOIS DE LA ROCHEFOUCAULD

Genießen heißt fröhlich sein –
mit sich selbst und anderen.

JOHANN WOLFGANG VON GOETHE

Inneren Frieden
wird nur erlangen,
wer Unwesentliches
unbeachtet lässt
und sich allein
um Wesentliches besorgt.

BERNHARD VON CLAIRVAUX

Wer gesammelt in der Tiefe lebt, sieht auch die kleinen Dinge in großen Zusammenhängen.

EDITH STEIN

Den Frieden kann man weder in der Arbeit
noch im Vergnügen, weder in der Welt
noch in einem Kloster, sondern nur
in der eigenen Seele finden.

WILLIAM SOMERSET MAUGHAM

Siehe eine Sanduhr: Da lässt sich nichts
durch Rütteln und Schütteln erreichen,
du musst geduldig warten, bis der Sand,
Körnlein um Körnlein,
aus dem einen Trichter
in den andern gelaufen ist.

CHRISTIAN MORGENSTERN

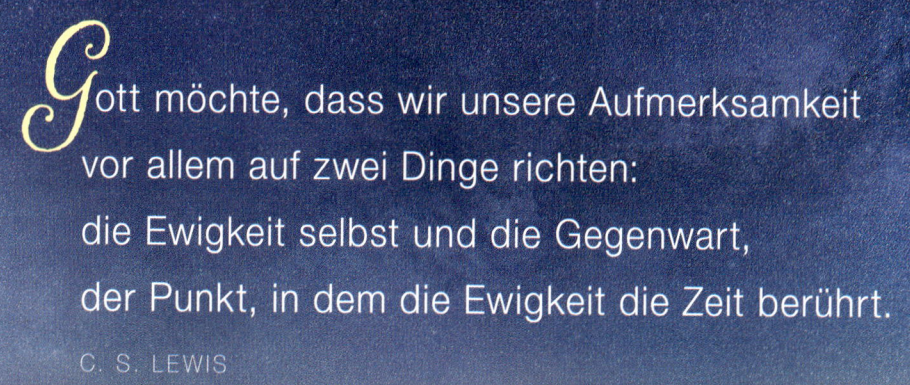

Gott möchte, dass wir unsere Aufmerksamkeit
vor allem auf zwei Dinge richten:
die Ewigkeit selbst und die Gegenwart,
der Punkt, in dem die Ewigkeit die Zeit berührt.

C. S. LEWIS

Man kann einen seligen, ja seligsten Tag haben, ohne etwas anderes dazu zu brauchen als blauen Himmel und grüne Erde.

JEAN PAUL

In den entscheidenden Fragen des Glaubens
und Lebens gibt es keine Abkürzungen.
Da muss man sich Zeit lassen und Geduld haben
mit sich und den anderen.

FRANZ KAMPHAUS

Glück entsteht oft
durch Aufmerksamkeit
in kleinen Dingen,
Unglück oft
durch Vernachlässigung
kleiner Dinge.

WILHELM BUSCH

Die Muße scheint Lust, wahres Glück und seliges Leben in sich zu tragen.

ARISTOTELES

In diesem Augenblick bin ich
dermaßen glücklich,
dass meine einzige Beschäftigung
darin besteht zu leben.

HONORÉ DE BALZAC

Alles Große, das Menschen je geleistet haben,
geht aus der Einsamkeit, aus der Vertiefung
geistigen Schauens hervor.

PETER ROSEGGER

Sei in diesem Moment glücklich, das ist genug.
Wir brauchen nicht mehr als diesen Moment.

MUTTER TERESA

*I*n deinem Inneren gibt es eine Stille
und ein Heiligtum, in das du dich
jederzeit zurückziehen und du selbst sein kannst.

HERMANN HESSE

Da wird es hell in unserem Leben,
wo man für das Kleinste danken lernt.

FRIEDRICH VON BODELSCHWINGH

Bei Lichte besehen
sind Ruhe und Glück
überhaupt dasselbe.

THEODOR FONTANE

In der vollkommenen Stille
hört man die ganze Welt.

KURT TUCHOLSKY

Jeder Tag soll und muss einen Sinn haben,
und erhalten soll er ihn nicht vom Zufall,
sondern von mir.

RAINER MARIA RILKE

Das Schöne, das Wahre, das Gute:
Es ist nicht draußen, da sucht es der Tor,
es ist in dir, du bringst es hervor.

FRIEDRICH SCHILLER

Auch ist das Suchen und Irren gut,
denn durch Suchen und Irren lernt man.

JOHANN WOLFGANG VON GOETHE

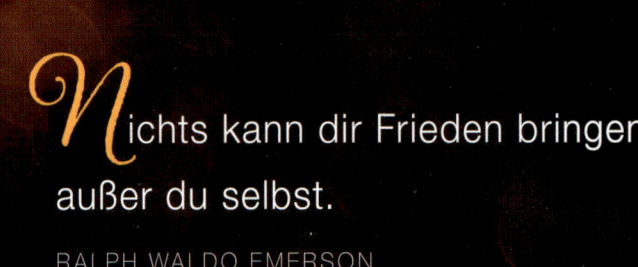

Nichts kann dir Frieden bringen

außer du selbst.

RALPH WALDO EMERSON

Nimm dir Zeit.
Ein Acker, der ausruhen konnte,
liefert prächtige Ernte.

OVID

Die Augenblicke,
in denen wir innehalten,
sind kostbar.

VOLTAIRE

Deine erste Pflicht ist es,
dich selbst glücklich zu machen.
Bist du glücklich, so machst du
auch andere glücklich.

LUDWIG FEUERBACH

Kehr in dich still zurück,
ruh in dir selber aus,
so fühlst du das höchste Glück.

FRIEDRICH RÜCKERT

*W*er viel gewinnen will,
muss auf die kleinen Dinge
achtsam sein.

MARY WARD

Das Glück besteht vielleicht
im Staunenkönnen.

HENRI DUVERNOIS

*W*enn man die Ruhe
nicht in sich selbst findet,
ist es umsonst,
sie anderswo zu suchen.

FRANÇOIS DE LA ROCHEFOUCAULD

Die wahre Lebenskunst
besteht darin, im Alltäglichen
das Wunderbare zu sehen.

PEARL S. BUCK

Genieße die kleinen Dinge im Leben,

denn eines Tages wirst du

zurückblicken und realisieren,

dass sie die großen Dinge waren.

KURT VONNEGUT

Man sollte nie so viel zu tun haben, dass man zum Nachdenken keine Zeit mehr hat.

GEORG CHRISTOPH LICHTENBERG

Nicht der Mensch hat am meisten gelebt,
welcher die höchsten Jahre zählt,
sondern derjenige, welcher sein *Leben*
am meisten empfunden hat.

JEAN-JACQUES ROUSSEAU

Ein freundliches Wort

kostet nichts

und ist dennoch

das Schönste

aller Geschenke.

DAPHNE DU MAURIER

*A*ber es liegt nicht so viel daran,
wie wir es um uns, sondern wie wir es
in uns haben, darauf kommt es
in der Welt an!

HANS CHRISTIAN ANDERSEN

*D*as Leben ist gnädig;
jeden Augenblick schenkt es uns
einen neuen Anfang.

GUSTAV MEYRINK

In einem dankbaren Herzen
herrscht ewiger Sommer.

CELIA THAXTER

Sieh auf die Natur:
Sie ist beständig in Aktion,
steht nie still und doch schweigt sie.

MAHATMA GANDHI

Es ist manchmal gut,
die Sorgen so zu behandeln,
als ob sie nicht da wären;
das einzige Mittel,
ihnen die Wichtigkeit
zu nehmen.

RAINER MARIA RILKE

Es gibt auf der Welt
kaum ein schöneres Übermaß
als das der Dankbarkeit.

JEAN DE LA BRUYÈRE

*B*eginne jeden Morgen
mit einem guten Gedanken.

CARL HILTY

Weisheit ist nichts als eine Bereitschaft der Seele, eine Fähigkeit, eine geheime Kunst, jeden Augenblick, mitten im Leben, den Gedanken der Einheit denken, die Einheit fühlen und einatmen zu können.

HERMANN HESSE

*W*enn ich mitten im Alltag
innehalte und gewahr werde,
wie viel mir geschenkt ist,
werden die zahllosen
Selbstverständlichkeiten
zu einer Quelle des Glücks.

GUSTAVE FLAUBERT

*W*ie oft habe ich das kleine Glück verloren

auf der Suche nach dem großen.

JOHN HENRY NEWMAN

*W*enn es auch düstere Tage
in meinem Leben gab, würde ich nicht wollen,
dass man mich zu den Unglücklichen zählt.

VINCENT VAN GOGH

Der Künstler, der Vollkommenheit
in allem zu erreichen sucht, wird sie
nirgends erreichen.

EUGÈNE DELACROIX

Manchmal ist

das Wichtigste am ganzen Tag

die Pause, die wir zwischen zwei

tiefen Atemzügen machen.

ETTY HILLESUM

Beurteile einen Tag nicht danach, welche Ernte du am Abend eingefahren hast, sondern danach, welche Saat du gesät hast

ROBERT LOUIS STEVENSON

Zufriedenheit ist der Stein der Weisen.

Zufriedenheit wandelt in Gold,

was immer sie berührt.

BENJAMIN FRANKLIN

*S*echzig Sekunden der Träumerei
sind sechzig Sekunden lebendiger Ruhe
für Leib und Geist.

PRENTICE MULFORD

Freue dich, soviel du kannst;
Freude macht stark.

DIETRICH BONHOEFFER

*M*an braucht zwei Jahre,
um sprechen zu lernen, und fünfzig,
um schweigen zu lernen.

ERNEST HEMINGWAY

Alles, was ich heute tue, ist wichtig,
gebe ich doch einen ganzen Tag
meines Lebens dafür her.

GEORGE BERNARD SHAW

In den kleinsten Dingen
zeigt die Natur
die allergrößten Wunder.

CARL VON LINNÉ

*D*ie Gelassenheit
ist eine anmutige Form
des Selbstbewusstseins.

MARIE VON EBNER-ESCHENBACH

Haben wir doch keine Sorge um das Morgen;

denken wir nur daran, das *Heute* gut zu machen;

und wenn der morgige Tag kommt, heißt es auch

wieder heute und dann werden wir an ihn denken.

FRANZ VON SALES

*W*enn du am Morgen aufwachst,
denke daran, was für ein köstlicher Schatz es ist,
zu leben, zu atmen und sich freuen zu können.

MARC AUREL

Der Sinn des Lebens besteht nicht darin,
ein erfolgreicher Mensch zu sein, sondern ein wertvoller.

ALBERT EINSTEIN

*R*uhe, Stille, Sofa und eine Tasse Tee gehen über alles!

THEODOR FONTANE

*W*enn du die wahre Beschaffenheit
von irgendetwas kennen lernen willst,
so überlass es der Zeit!

LUCIUS ANNAEUS SENECA

Die Freude und das Lächeln
sind der Sommer des Lebens.

JEAN PAUL

Jeder Tag ist ein kleines Leben.

ARTHUR SCHOPENHAUER

Die wahre Ernte meines täglichen Lebens
ist etwas so Unfassliches wie das Morgen-
und Abendrot.

HENRY DAVID THOREAU

*M*an sieht oft etwas
hundertmal, tausendmal,
ehe man es zum allerersten Mal
wirklich sieht.

CHRISTIAN MORGENSTERN

Bildnachweis

© 2024 Pattloch Verlag.
Ein Imprint der Verlagsgruppe Droemer Knaur GmbH & Co. KG, München
Gesamtgestaltung: Atelier Lehmacher
Konzept | Medien-Design | Text, Friedberg
Gesamtherstellung: Elma Printing & Finishing, Istanbul

ISBN 978-3-629-01004-9
www.pattloch.de

2 4 5 3 1